Lucy Daniels

Tierklinik Pfötchen
Hilfe für den kranken Welpen

Alle Titel von **Tierklinik Pfötchen**:

Lucy Daniels

Tierklinik Pfötchen

Hilfe für den kranken Welpen

Aus dem Englischen übersetzt
von Sandra Margineanu

 Band 4

Mit besonderem Dank an Janet Bingham

Für Denny

ISBN 978-3-7432-0546-8
2. Auflage 2023
erschienen unter dem Originaltitel *Animal Ark – Puppy in Peril*
Copyright Text: © 2018 Working Partners Limited
Copyright Innenillustrationen: © 2018 Working Partners Limited
Copyright Umschlagillustration: © 2020 Jo Anne Davies
Alle Rechte vorbehalten.
Erschienen in der Originalserie *Animal Ark*
Für die deutschsprachige Ausgabe © 2020 Loewe Verlag GmbH,
Bühlstraße 4, D-95463 Bindlach
Aus dem Englischen übersetzt von Sandra Margineanu
Umschlaggestaltung: Johanna Freter
Printed in the EU

www.loewe-verlag.de

Inhalt

Abschied von den Kätzchen

„**Sitz**, Mac!", befahl Sam Baxter. Der Welpe ließ sich nach hinten sinken, und obwohl sein wackelndes Hinterteil den Boden nicht ganz berührte, jubelte Amelie Hayland.

„Du machst das mit ihm echt gut, Sam", lobte sie ihren besten Freund. Wie Mac sich in den letzten Wochen verändert hatte, war der Wahnsinn. Als sie Sam kennengelernt hatte, war sein Hund Mac sehr frech und unerzogen gewesen.

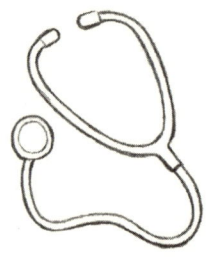

„**Kaum zu glauben**, dass das derselbe kleine Hund ist, der versucht hat, meine Schuhe zu fressen", staunte Julia Kaminski, die Sprechstundenhilfe in der *Tierklinik Pfötchen*. Die Kinder standen im Wartezimmer neben dem Empfangstresen. Julia rollte in ihrem Rollstuhl zu Sam und nahm ihm Macs Leine ab, die sie anschließend über einen Haken an der Wand hängte. „Mac bleibt brav hier bei mir, stimmt's, **Süßer**?"

Sam und Amelie streichelten Macs weißes strubbeliges Fell und strichen ihm über die Ohren. Dann

gingen sie zu einem weiter hinten liegenden Raum, der in der Tierklinik nur *Hotel* genannt wurde. Tiere, die über Nacht bleiben mussten, konnten sich dort ausruhen. Sie gingen an einem Käfig mit zwei Kaninchen vorbei. In einem anderen saß ein gefleckter Dalmatiner mit verbundenem Schwanz.

Amelie fühlte, wie ihr Herz anschwoll. Ihre Mutter und sie waren erst vor ein paar Wochen nach Welford gezogen, nachdem sich ihre Eltern getrennt hatten. Die *Tierklinik Pfötchen* war sofort ihr liebster Ort im Dorf geworden. Mr und Mrs Hope, die Tierärzte, standen neben einem Gehege. Darin lagen Karamell, eine bunt gefleckte Katze, und ihre vier Jungen. Amelie und Sam hatten sie gerettet und heute war ein ganz besonderer Tag.

„**Hallo**, ihr zwei", sagte Mr Hope, er grinste sie
freundlich an.

„Ihr kommt gerade rechtzeitig, um sie in ihr
neues Zuhause zu verabschieden", sagte Mrs

 14

Hope. Ihr rotes Haar fiel ihr über die Schultern, während sie drei Katzenkörbe und drei Tüten mit Katzenfutter auf einem Tisch bereitstellte. In den Tüten steckten außerdem Faltblätter, auf denen alles über Katzenpflege stand.

Amelie sah zur Uhr an der Wand. Es war beinahe neun Uhr und Zeit für die neuen Besitzer, die Kätzchen abzuholen. Sie freute sich für die Kleinen, aber ein bisschen traurig war sie auch. Sie würde die Kätzchen vermissen, wenn sie weg waren.

Amelie ging zu Karamells Korb und hob den kleinen rot-orangefarbenen Kater hoch. Als Sam und sie die Kätzchen gefunden hatten, waren sie so winzig gewesen, dass sie mit einer Hand hochgehoben werden konnten, aber inzwischen waren sie fast doppelt so groß. Der kleine Kater

schnurrte und boxte spielerisch in die Luft, dabei
war die rosafarbene Unterseite seiner Pfötchen zu
sehen.

Amelie hörte Stimmen aus dem Warteraum und
Julia, die sagte: „Geht einfach durch. Sie warten
schon."

Amelies und Sams Freund Jonas trat durch die
Tür. „**Hallo!**", begrüßte er sie und lächelte dabei.

Amelie gab dem Katerchen einen Kuss auf den

Kopf. „**Hier**, dein neues
Haustier", sagte sie.

„**Hallo**, Blitz", sagte
Jonas und nahm Amelie
den Kater aus dem Arm.
Jonas machte unheim-
lich gern Fotos und hatte
sein Kätzchen nach dem

Blitz an seiner Kamera benannt. Das rot-orange-farbene Fell des Katers hatte beinahe den gleichen Farbton wie Jonas' Haare.

Da kam eine ältere Dame mit einem roten Schal in den Raum. „**Hallo**, Mrs Grantling", sagten Amelie und Sam gleichzeitig. Hinter ihr trat Mr Stevens durch die Tür, der Bauer trug eine Jacke mit Schlammflecken. Auch ihn begrüßten sie.

Als sie Mrs Grantling zum ersten Mal begegnet waren, war sie ihnen sehr mürrisch vorgekommen, aber inzwischen wussten sie, wie sehr die alte Dame Tiere liebte. Behutsam nahm Sam eines der gefleckten Kätzchen aus dem Korb. Er achtete natürlich darauf, das richtige zu erwischen, und reichte es ihr.

„**Hallo**, Miss Sprudel", sagte Mrs Grantling und schmiegte das Kätzchen liebevoll an ihre

Wange. Miss Sprudel maunzte und stupste mit ihrer winzigen Nase gegen Mrs Grantlings Nase.

„Ist das aufregend!", sagte Mr Stevens. „Jetzt geht es in dein neues Zuhause, Schneeglöckchen." Amelie hob das gefleckte Kätzchen mit der weißen Schwanzspitze hoch und setzte es in einen Katzenkorb. Sam holte die Katzenmutter. Zuerst wollte Karamell nicht in den Korb hinein und wehrte sich in Sams Armen. Aber als Amelie ein Katzenleckerli in den Korb legte, sprang Karamell schnell hinein.

Mr Hope hielt die Tür auf und Jonas, Mrs

Grantling und Mr Stevens gingen mit ihren Haustieren und den Tüten mit Katzenfutter hinaus.

„**Vielen Dank!**", sagte Mr Stevens.

„Ich lasse euch wissen, wie sich Miss Sprudel bei mir einlebt", versprach Mrs Grantling und lächelte breit.

„Kommt Blitz bald besuchen", sagte Jonas.

Wie Sonnenstrahlen breitete sich eine glückliche Wärme in Amelie aus. „Es ist **so schön**, dass sie alle ein neues, liebevolles Zuhause gefunden haben", dachte sie.

Doch aus dem Gehege kam **ein trauriges Miauen**. Ein geflecktes Kätzchen war zurückgeblieben. Amelie nannte es heimlich Sternchen, weil es über den Augen einen weißen sternförmigen Fleck hatte.

„**Armes Kätzchen**", meinte Sam und

hielt ihm ein Stück Schnur hin, mit dem es spielen konnte.

„Hat sich denn niemand gemeldet, um die Kleine zu adoptieren?", fragte Amelie.

„Bisher noch nicht", antwortete Mrs Hope.

„Wir brauchen das Gehege für unsere Patienten", fügte Mr Hope hinzu. „Dem Kätzchen geht es nicht schlecht, sehr viel länger können wir es deshalb nicht mehr hierbehalten. Wenn wir niemanden finden, der es haben will, müssen wir es in ein Tierheim bringen."

Amelie wurde traurig. Sie streckte die Hand in den Käfig, um dem Kätzchen über das weiche

Köpfchen zu streicheln. Der Blick aus seinen goldenen Augen wanderte von Amelie zu Sam und wieder zurück.

„Drei von vier Kätzchen, **das ist nicht schlecht**", tröstete Mrs Hope sie.

Amelie nickte. Sie war jedoch immer noch fest entschlossen, ihr Versprechen zu halten. „Auch für dich finden wir ein Zuhause, Sternchen", dachte sie.

Der neue Patient

Julia streckte ihren Kopf zur Tür herein. „Ein neuer Patient ist gerade gekommen", berichtete sie den Tierärzten. „Jana Adams hat ihn hergebracht. Ich glaube, ihr solltet euch beeilen."

Die beiden Tierärzte gingen schnell hinüber ins Behandlungszimmer. Amelie und Sam folgten ihnen und linsten vorsichtig hinein.

Eine Frau in einem karierten Hemd, sie musste Jana Adams sein, hatte einen Welpen auf dem

Arm. Der Kleine ruhte mit dem Kopf auf Janas Arm und sah aus trüben Augen auf den Boden. Er atmete hechelnd und seine Flanken zitterten.

„Der Welpe gehört nicht mir", erklärte Jana. „Ich habe die kleine Hündin auf dem Rastplatz an der Autobahn gefunden. Sie ist einfach so über den Parkplatz spaziert. An ihrem Halsband ist keine Marke, deshalb habe ich sie hergebracht."

„Das war **ganz richtig** so", sagte Mrs Hope und nickte.

Vorsichtig legte Jana die kleine Hündin auf den Untersuchungstisch. Sie winselte traurig. Mr Hope strich mit den Händen über ihren Kopf, an den Beinen entlang, über ihren Rücken und die Seiten.

„Keine gebrochenen Knochen", stellte er fest. Als
er ihren Bauch abtastete, runzelte er die Stirn.
„Ich spüre hier etwas. Wir müssen eine Röntgen-
aufnahme machen. Kann sein, dass sie operiert
werden muss."

„**Oh, du Arme**", sagte Jana und streichelte der
Hündin die Ohren.

„Finden wir heraus, wem du gehörst", meinte
Mrs Hope. Sie führte einen Stab nah am Körper
des Welpen entlang. Das war das Mikrochip-
Lesegerät. Amelie wartete darauf, dass es pieps-
te, aber das tat es nicht. „**Oje**", sagte Mrs Hope.
„Sie trägt keinen Mikrochip. Dann wird es schwie-
rig, ihren Besitzer zu finden. Eine Streunerin ist
sie, glaube ich, nicht. Sie sieht gut genährt aus."

„Aber Sie können ihr doch trotzdem helfen,
oder?", fragte Amelie.

Mr Hope zog eine Grimasse. „So einfach ist es
leider nicht. Operationen können sehr teuer sein."

„Wie teuer?", fragte Sam.

Mr Hope warf seiner Frau einen Blick zu, die
ihre Hand beruhigend auf den Rücken der Hün-

din gelegt hatte. „Julia kann es euch ganz genau sagen, aber ich denke, so zweitausend Euro würde es kosten. Wir sind komplett ausgebucht.

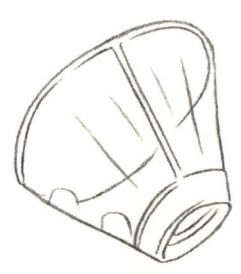 Wir müssten einen Spezialisten hinzuholen, der uns bei der Operation eines so jungen Hundes helfen kann."

„Aber ...", begann Amelie. Sie hätte ihr Taschengeld von einem ganzen Jahr hergegeben, um dem armen Tier zu helfen, aber das war viel weniger als zweitausend Euro. Zweitausend Euro waren sehr viel Geld. „Aber was passiert, wenn sie nicht operiert wird?", fragte sie und versuchte, ihre Stimme nicht zittern zu lassen.

Der traurige Blick der Tierärzte verriet ihr alles, was sie wissen musste.

„Amelie, manchmal sterben Tiere", sagte Mrs

Hope. „Das müssen wir akzeptieren. Aber **keine Sorge**, wir geben ihr Schmerzmittel, damit sie nicht leiden muss."

Amelies Brust schnürte sich zusammen und Tränen traten ihr in die Augen. Es war nicht richtig, dass alles nur vom Geld abhängig war.

Sam hatte die Augen weit aufgerissen. „**Wir müssen etwas unternehmen**", sagte er.

Amelie nickte und wischte sich mit der Hand eine Träne weg. „**Komm!**", sagte sie. „Wir suchen ihren Besitzer, damit sie operiert werden kann."

Film ab in Welford

Amelie nahm sich eines der Poster, die der Drucker ausspuckte. Sam und sie waren im Büro des Gästehauses *Zur Alten Mühle*, das Sams Eltern gehörte.

Amelie grinste zufrieden. Auf dem Poster war ein Foto von der kleinen Hündin zu sehen. In großen Druckbuchstaben stand darunter HUND GEFUNDEN, außerdem noch Informationen zum Fundort und die Adresse der *Tierklinik Pfötchen*. Sie hatten bereits einen Stapel Handzettel ausgedruckt, der neben einem Blumentopf auf dem Schreibtisch lag.

„Irgendjemand wird sie erkennen", sagte Amelie. Mac saß zu ihren Füßen und klopfte mit seinem Schwanz auf den Teppich. „**Stimmt doch**, oder, Mac?"

Der Welpe sprang auf den Schreibtisch. Die Handzettel wirbelten hoch und Mac schnappte nach ihnen.

„**Mac, nein!**", rief Sam.

Amelie sammelte die verstreuten Zettel hastig auf. Sam wollte Mac greifen, aber der stolzierte weiter über den Schreibtisch. Sein wedelnder Schwanz schlug gegen den Blumentopf, der

einen Moment lang wackelte und schließlich umfiel. Erde purzelte heraus, als er auf dem Teppich landete, aber zum Glück zerbrach der Topf nicht.

„Du ungezogener Hund!" Sam schnappte sich seinen Welpen. „**Oh, Mac.** Ich dachte, du bist nicht mehr so frech. Das ist Mamas Lieblingsblume."

Sam verzog das Gesicht, als ob er gleich weinen würde. Amelie wusste, warum. Seine Eltern hatten gesagt, dass er Mac nicht behalten durfte, wenn sich sein Benehmen nicht besserte.

„**Keine Angst**", sagte Amelie, kniete sich hin und schaufelte die Erde zurück in den Topf. Sie knipste einen geknickten Blumenstängel ab und stellte den Topf wieder auf den Schreibtisch. „**So** – niemand wird es erfahren."

Sams Gesicht hellte sich auf. „Glaubst du wirklich?"

Mac schleckte ihm durch das Gesicht und Sam lächelte.

„Ganz sicher!", versprach Amelie.

Mac befreite sich aus Sams Umarmung und trottete zum Fenster. Er stellte sich auf die Hinterbeine und stützte die Vorderbeine auf dem Fensterbrett auf. Aufgeregt bellte er etwas im Freien an.

Amelie und Sam gingen hinüber, um nachzusehen, was er entdeckt hatte. Eine Gruppe Männer und Frauen stieg aus einem Kleinbus aus, der in der Auffahrt parkte. Ein Mann öffnete den Kofferraum und reichte den anderen unterschiedliche Gegenstände. Amelie sah Stangen, Stative, schwarze regenschirmartige Hauben, große

Lampen ... und riesige
Kameras.

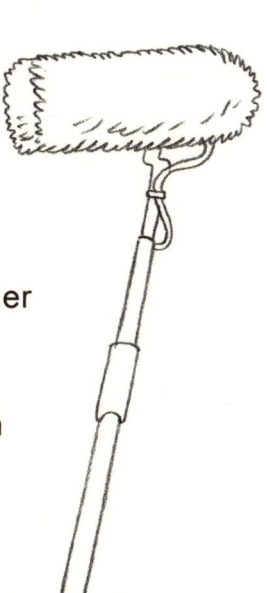

„**Wahnsinn!**",
staunte Amelie. „Sieht wie ein Filmteam aus."

Sam grinste. „Los, lass uns herausfinden, warum
sie hier sind."

Sie liefen nach draußen, Mac folgte ihnen.

Sams Mutter, Mrs Baxter, unterhielt sich mit den
Neuankömmlingen. „Es sieht nach
Regen aus", sagte sie. „Kommen
Sie alle besser schnell ins Haus."

Die Leute trugen ihre Ausrüstung
ins Gästehaus. Mac schnüffelte an einer
Kamera. Sam nahm ihn lieber schnell
auf den Arm, bevor er etwas anstellen
konnte.

33

Mrs Baxter winkte die Kinder zu sich. „Das ist mein Sohn Sam", stellte sie ihn den Filmleuten vor. „Und seine Freundin Amelie."

„Und das ist Mac", ergänzte Sam.

„**Hallo!**", sagte eine große Frau mit dunklen kurzen Haaren in schmaler Jeans und Lederjacke.

„Ich bin Frida Ward. Wir bleiben ein paar Tage, solange wir drehen."

„**Cool**", sagte Sam.

„Was filmen Sie denn?", wollte Amelie wissen.

„Wir drehen eine kleine Reportage für eine Fernsehsendung", erzählte Frida. „Über Ferien mit dem Motorrad auf dem Land."

„Motorrad?", dröhnte eine tiefe Stimme hinter Amelie.

Sie drehte sich um. Mr Fred kam aus dem Haus. Er war Stammgast und Amelie hatte schon oft gesehen, wie er in seiner Lederkluft sein Motorrad polierte. Er hatte eine Glatze und war groß und breit. Amelie erinnerte er immer an einen Grizzlybären.

„Ich besitze ein sehr schönes Motorrad", sagte Mr Fred. „Ich habe es schon bei mehreren Motor-

radschauen präsentiert. Ich bin gerne bereit, bei ein paar Aufnahmen dabei zu sein."

Frida lächelte ihn höflich an. „Äh ... **oh** ... vielleicht."

Amelie zwinkerte Sam zu. Mr Fred, der meistens schlecht gelaunt war, strahlte zur Abwechslung mal.

Alle halfen mit, die Filmausrüstung ins Gästehaus zu tragen. Sie schafften es gerade rechtzeitig, bevor dicke Regentropfen auf die Auffahrt prasselten.

„Wir werden klatschnass, wenn wir die jetzt verteilen",

sagte Sam und hielt den Stapel mit Handzetteln hoch.

„**Oh**, wie traurig", sagte Frida nach einem Blick auf den Zettel. „Ich hoffe, ihr findet den Besitzer bald."

„Das werden wir", sagte Amelie entschlossen. **„Die kleine Hündin zählt auf uns!"**

Wer kennt diesen Hund?

Sie stapften den ganzen Nachmittag durch das verregnete Welford und steckten in jeden Briefkasten einen Handzettel. Der Himmel war mit dunklen Wolken bedeckt und Wasser lief im Rinnstein entlang. Als ein Auto vorbeifuhr, mussten sie zur Seite springen, um nicht vom aufspritzenden Wasser durchnässt zu werden.

Amelie hielt die Zettel und Poster fest an sich gedrückt, damit sie unter ihrem Regenschirm mit

dem Pfotenmuster trocken blieben. Mac trug einen niedlichen roten Regenmantel, aber er sprang in jede Pfütze und seine weißen Beine waren bis oben mit Matsch verschmutzt. Er sah aus, als hätte er vier dreckige Socken an.

Amelie steckte den letzten Handzettel in den Briefkasten eines großen Hauses. „Jetzt müssen

wir noch die Poster aufhängen", sagte sie. „Am besten irgendwo, wo sie trocken bleiben."

„An der Bushaltestelle?", schlug Sam vor. „Im Rathaus und im Gemüseladen können wir auch fragen."

„**Guter Plan**", meinte Amelie.

Während sie durch das Dorf gingen, wurde der Regen noch stärker. „**Oh, oh, schau mal**, wer da kommt", sagte Sam.

Es war Tiffany, ein Mädchen aus ihrer Klasse. Sie trug glitzernde pinke Gummistiefel und ver-

mied die Pfützen auf dem Bürgersteig. Sie hatte eine türkisfarbene Jacke an und einen pinken Regenschirm dabei, der zu ihren Gummistiefeln passte. Ihr glänzendes braunes Haar hatte sie

zu einem Pferdeschwanz zu-
sammengebunden. Amelie
seufzte. Sie kannte Tiffany nicht
besonders gut, aber jedes Mal
wenn sie sich unterhalten hatten,
hatte das Mädchen etwas Gemeines
gesagt.

„**Hallo**, Tiffany", begrüßte
Sam sie lustlos.

„**Na**, ihr zwei", sagte Tiffany
und rümpfte überheblich die Nase.

Mac bellte und rannte auf sie zu.
Regenwasser spritzte von seinem Mäntelchen.

„**Bäh!**" Tiffany wich zurück und rümpfte noch
stärker die Nase. „Halte deinen Hund fern von
mir! Ich will nicht nass werden. Und Mr Funkel
soll auch nicht nass werden."

„Wer ist Mr Funkel?", fragte Amelie und sah Sam verdutzt an.

Mit einem Grinsen drehte Tiffany sich um. Sie hatte einen eckigen pinkfarbenen Rucksack auf dem Rücken. Der Rucksack hatte ein Netzfenster, hinter dem ein weiß gelockter Welpe mit einer blauen Schleife auf dem Kopf zu sehen war.

Amelie blinzelte. Ihr klappte vor Staunen der Mund auf.

„**Krass**", sagte Sam. „In deinem Rucksack ist ein Hund!"

Tiffany drehte sich wieder um. „Das ist kein Rucksack", erklär-

42

te sie. „Das ist eine Hundetrage. Mr Funkel ist ein Bichon Frisé. Sein Fell ist vollkommen weiß. Und du **hasst es**, schmutzig zu werden, nicht wahr, Mr Funkel?" Sie betrachtete Mac, der auf und ab sprang und versuchte, einen Blick auf Mr Funkel zu erhaschen. Seine Pfoten und sein Gesicht waren verdreckt. „Welche Fellfarbe hat eigentlich dein Hund?"

„Als ich ihn bekommen habe, war es weiß", antwortete Sam und Amelie unterdrückte ein Grinsen. „Ich glaube, er will mit Mr Funkel spielen."

Tiffany rümpfte schon wieder die Nase. „Mr Funkel spielt nicht mit anderen Hunden und schon gar nicht mit verdreckten."

Sie ging weiter. Mr Funkel warf Mac einen traurigen Blick zu, klopfte mit der Pfote gegen das Netzfenster und winselte laut.

43

„Armer Mr Funkel", sagte Sam. „Wetten, er würde gern mit Mac in den Pfützen herumtollen?"

„Ja", meinte Amelie. „Für junge Hunde ist es wichtig, miteinander zu spielen. Hoffentlich weiß Tiffany, was sie tut."

Sam warf Amelie einen zweifelnden Blick zu.

Sie verteilten die Poster an allen trockenen Stellen, die sie finden konnten. Nachdem sie eins in der Bücherei aufgehängt hatten, war nur noch ein einziges übrig. Dieses letzte hatten sie für die *Tierklinik Pfötchen* aufgehoben.

Dort angekommen, zogen sie ihre tropfenden Jacken aus und versuchten, Mac dazu zu brin-

gen, sich die Pfoten an der Türmatte abzustreifen. Danach befestigten sie das letzte Poster an der Wand. Sie wollten gerade in den hinteren Raum weitergehen, als Julia rief: „Ich habe **gute Neuigkeiten!**"

Amelies Herz machte einen Satz. „Hast du den Besitzer der kleinen Hündin gefunden?"

Julias Strahlen verschwand. „Leider nicht. Aber wir haben ein Tierheim gefunden, das das vierte Kätzchen aufnehmen will. Jemand von dort kommt nächste Woche vorbei, um es abzuholen."

„**Oh**", sagte Amelie und bemühte sich um einen fröhlichen Tonfall. „Das ... sind **tolle Neuigkeiten**."

Sie ließen Mac bei Julia, die sein Fell mit einem Handtuch trocken rubbelte.

Die kleine kranke Hündin lag in ihrem Käfig, ihr

Kopf ruhte auf den Pfoten. Sie ließ die Ohren hängen.

„Geht es ihr besser?", fragte Amelie Mrs Hope, die mit dem Stethoskop die Atmung der Hündin überprüfte.

„Sie muss dringend operiert werden", antwortete Mrs Hope. „Es geht ihr nicht gut."

„Und vom Besitzer **keine Spur?**", fragte Sam.

Mrs Hope schüttelte den Kopf. „Ich habe ihr ein Schmerzmittel gegeben. Gleich wird sie sich wohler fühlen. Wollt ihr sie streicheln? Ein paar freundliche Gesichter werden ihr bestimmt guttun."

Amelie streichelte sanft über den Kopf der

46

Hündin. Schwach wedelte diese mit dem Schwanz. „Wenn sie irgendwo ein Herrchen hat, vermisst sie es bestimmt ganz schrecklich", dachte Amelie.

„**Keine Angst**, wir helfen dir. **Versprochen!**", sagte sie.

Amelie hat eine Idee

Am nächsten Morgen kamen Sam und Mac nach dem Frühstück zu Amelie nach Hause. Es regnete immer noch und beide waren tropfnass.

„Irgendetwas Neues?", fragte Sam, als sie nach oben gingen.

Amelie schüttelte den Kopf. Ihre Mutter hatte ihr erlaubt, gleich morgens in der *Tierklinik Pfötchen* anzurufen,

um herauszufinden, ob sich der Besitzer der
Hündin gemeldet hatte. Aber niemand hatte
Kontakt mit ihnen aufgenommen.

Amelie hatte das Gefühl, als hätte
sie einen schweren Stein im Magen.
Die Poster, die Handzettel ... Was,
wenn alles umsonst war? Sie ließ
sich in die Fensternische mit den
gemütlichen Kissen plumpsen. Sam setzte sich
neben sie und Mac legte sich zu ihren Füßen.

„Was sollen wir jetzt machen?", fragte Sam. „Sie wurde an der Autobahn gefunden, also lebt der Besitzer vielleicht gar nicht in der Nähe. Unsere Poster sieht er vielleicht überhaupt nicht."

Amelie gab ihm recht. Sie saßen lange schweigend da und dachten nach. Der Gesundheitszustand der Hündin wurde jeden Tag schlechter.

„Wir müssen sie **retten**", sagte Amelie. „Wenn wir den Besitzer nicht finden ... dann müssen wir die Operation eben selbst bezahlen."

„**Aber wie?**", fragte Sam. „Ich habe keine zweitausend Euro und du ja wohl auch nicht."

Amelie wickelte sich nachdenklich eine Haarsträhne um den Finger. Plötzlich fiel ihr das Gespräch mit dem Filmteam wieder ein.

„**Weißt du noch**, was Mr Fred gestern über die Motorradschauen erzählt hat?"

Sam nickte. „Du hättest ihn heute Morgen sehen sollen", sagte er. „Er wollte den Filmleuten sein Motorrad zeigen. Immer wieder ist er vor das Haus gegangen, um nach ihnen Ausschau zu halten. Aber wegen des Regens haben sie nicht gedreht. Er möchte unbedingt ins Fernsehen. Ich habe ihn beobachtet, wie er sich selbst im Spiegel in der Eingangshalle betrachtet hat, in seiner Lederkluft und mit Helm."

Amelie lachte. „Wie wäre es, wenn wir eine eigene Veranstaltung organisieren?", sagte sie. „Damit könnten wir Geld sammeln."

„Mit Motorrädern?", fragte Sam verwundert.

„Nein, eine Art **Hunde-wettbewerb**", erklärte Amelie.

„Wer mitmachen will, muss eine Teilnahmegebühr zahlen."

Ein Grinsen breitete sich auf Sams Gesicht aus.

„Geniale Idee!"

Zwei Stunden später saßen auch ihre Freunde Isa und Jonas mit in Amelies Zimmer. Auf dem Boden lagen Zettel mit Notizen und Becher mit Kakao standen herum. Draußen schüttete es immer noch. Regen peitschte gegen das Fenster, aber im Zimmer herrschte freudige Aufregung.

„Was haben wir bis jetzt?",
fragte Jonas.

Amelie las aus ihrem Notiz-
buch vor, das mit vielen Tierauf-
klebern verziert war. „Datum und
Zeit: Samstag um zehn Uhr. Ort: Mr Stevens'
Scheune."

„Es ist **wirklich nett** von ihm, dass wir den
Hundewettbewerb dort machen dürfen", sagte
Sam.

„Meine Mutter gibt uns Bretter und Verkehrshüt-
chen für den Hindernislauf", erzählte Isa. „Mr
Stevens hat bestimmt auch noch andere
Sachen, die wir dafür benutzen können."

„Meine Mutter und Oma sammeln an
der Tür das Eintrittsgeld ein", sagte
Amelie.

„Wo ist die Liste mit den einzelnen Wettkämp-
fen?", fragte Jonas.

Sam hob Mac hoch und fischte nach dem Blatt
Papier, auf dem der Welpe gesessen hatte.
„Hier! Wir haben: *Bester Trick,*
Gepflegtester Hund, Beste
Hund-Herrchen-Ähnlichkeit,
Bester Pfötchengeber, Bester Schwanzwedler,
Gehorsamster Hund und den *Hindernislauf.*"

„Das wird ein **riesiger Spaß**", freute Amelie
sich. „Jetzt brauchen wir nur noch Teilnehmer.
Wir müssen es überall herumerzählen."

„Kann ich machen", sagte Jonas.

„Ich auch!", rief Isa.

„Und Sam und ich gehen zur *Tierklinik Pfötchen*
und fragen die Hopes, ob sie die Punktrichter sein
wollen", sagte Amelie. **„Los geht's!**"

Alle liefen in den Regen hinaus. Aber er störte Amelie kein bisschen. Endlich hatte sie das Gefühl, dass sie tatsächlich etwas bewirken konnten.

„Was für eine **gute Idee!**", sagte Mrs Hope, nachdem sie ihr von ihrem Plan erzählt hatten. „Wir sind sehr gerne die Richter und wir können auch ein paar Preise zur Verfügung stellen." Sie führte sie in den Lagerraum. „Hier bewahren wir die unterschiedlichsten Sachen auf. Sagt uns einfach, was ihr braucht, und wir bringen es zum Wettbewerb mit."

Sam klatschte in die Hände. „**Wahnsinn!** Dieser Raum ist das reinste **Hundeparadies**!"

Amelie staunte. Es gab Hundebeißringe, Bürs-

ten und Kämme, Pakete mit Leckerlis, Halsbänder und sogar Hundekörbe. Sie hatte eigentlich vorgehabt, Ansteckschleifen für die Gewinner zu basteln, aber das hier war viel besser. **„Vielen Dank!“**, freute sie sich.

„Was ihr da macht, ist **fantastisch**“, sagte Mr

Hope, doch er wirkte unsicher. „Ich hoffe nur, dass rechtzeitig genügend Geld zusammenkommt."

Amelie schluckte. „Der Hundewettbewerb muss **ein Erfolg** werden, wir müssen die Hündin retten", dachte sie.

Die anderen stellten eine Liste mit den Preisen auf, während Amelie Sternchen einen schnellen Besuch abstattete.

„Ich bin gleich wieder da", sagte sie zu Sam und ging ins *Hotel*. Noch bevor sie am Gehege war, hörte sie Sternchen miauen. Das Kätzchen klopfte mit der Pfote gegen die Tür, sobald es Amelie entdeckte.

„Hallo!", sagte Amelie. Sie öffnete den Käfig und nahm das Kätzchen heraus. Sie knuddelte es kurz und setzte es dann auf dem Boden ab. Mit

einem Stück Schnur
spielte sie mit ihm.
Sternchen hüpfte herum
und rutschte auf den glatten Fliesen aus. „Sie
wäre so **ein tolles Haustier**", dachte Amelie.

Sie hörte Sam rufen, der mit der Liste fertig war.

„**Tut mir leid**, Sternchen, ich muss gehen",
sagte sie. „Aber ich komme dich bald wieder
besuchen."

Es fiel ihr schwer, das Kätzchen zurück in den
Käfig zu setzen. Sternchen sah sie aus großen,

glänzenden Augen an, als Amelie die Tür schloss. Amelie hätte am liebsten geweint.

Als sie zurück zu Amelies Haus gingen, regnete es noch stärker als zuvor. Ein heftiger Windstoß stülpte ihren Regenschirm um. Sam zitterte. Nur Mac schien das Wetter nichts auszumachen. Er sprang durch die Pfützen und schnappte nach den Regentropfen. Als sie um eine Straßenecke bogen, sahen sie den Kleinbus des Filmteams am Straßenrand parken. Frida Ward und die anderen standen davor. Mr Fred war mit seinem Motorrad auch dabei.

„Vielleicht filmen sie ihn", sagte Sam. „Lass uns nachsehen."

Aber als sie näher kamen, bemerkte Amelie die

besorgten Gesichter. „Hallo!", grüßte sie.

„Stimmt etwas nicht?"

Frida sah von ihrem mit einer Plastikfolie ge-
schützten Klemmbrett auf. Ihre Haare lagen nass
und platt am Kopf an. „**Hallo**, ihr zwei", sagte
sie. „Ja, leider. Unsere Ausrüstung
ist zwar wasserdicht, aber bei
diesem Wetter können wir trotzdem
nicht drehen. Die Wettervorhersage
meldet, dass es noch die ganze Woche weiter-
regnen soll. Wir sind also umsonst gekommen."

„Wir mussten die ganze Sache abblasen",
erklärte ein Mann neben ihr. Er schraubte gerade
eine Kamera von einem Stativ ab.

„Hattet ihr Glück und habt den Besitzer des
Hündchens gefunden?", fragte Frida.

„Noch nicht", erwiderte Amelie. „Aber wir

organisieren einen Hundewettbewerb, um Geld
für die Operation zu sammeln."

„Was für **eine tolle
Idee**", sagte der Kame-
ramann und verstaute
die Kamera.

Frida und
die anderen räumten den
Rest der Ausrüstung weg. „**Viel
Glück damit!**", sagte sie und setzte
sich auf den Beifahrersitz.

Mac schüttelte sich und spritzte Mr Fred nass.

„Kann ich Sie noch kurz sprechen?", fragte Mr
Fred und warf Sam und Amelie einen Blick zu.
„Wenn die Kinder weg sind."

„**Ja, natürlich**", meinte Frida.

Amelie, Sam und Mac liefen weiter. Amelie

drehte sich noch einmal kurz um und sah, dass
Mr Fred sich durch das Autofenster eindringlich
mit Frida unterhielt.

„Er will wirklich unbedingt ins Fernsehen", sagte
sie zu Sam und lachte.

Der Hundewettbewerb

Am Samstag gingen Amelie, Sam und Mac schon um halb neun zum Bauernhof, um alles für den Hundewettbewerb vorzubereiten. Es regnete immer noch! Die letzten paar Tage waren wie im Flug vergangen, so viel hatten sie organisiert. Sogar die Lokalzeitung war einverstanden gewesen, auf eigene Kosten eine Anzeige zu drucken, um Werbung für die Veranstaltung zu machen.

Trotzdem hatte Amelie keine Ahnung,
wie viele Leute kommen würden.

„Ich bin **total aufgeregt**", sagte
Amelie auf dem Weg zur Scheune.

„Ich auch", gab Sam zu.

In der Scheune war schon viel los. Isa und ihre
Mutter bauten den Hindernisparcours auf. Weiter
hinten stapelten Mr Stevens und seine Söhne
Heuballen auf, die als Sieger-
treppchen dienen sollten.
Andere Heuballen
wurden zu Sitzmög-
lichkeiten umfunktioniert.

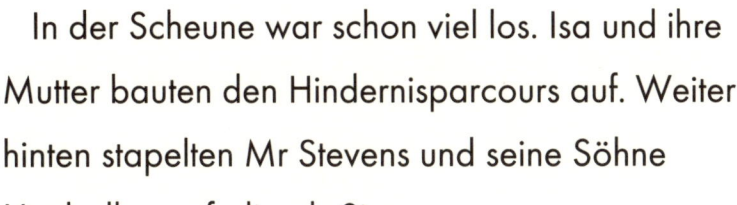

„**Wie toll!**", rief Amelie. „**Danke euch allen!**"

Mr Stevens deutete auf einen Heuballen, wo
Karamell und Schneeglöckchen saßen. „Sie
haben sich beide gut eingelebt", sagte er. Amelie

erinnerte sich daran, dass sie Karamell genau hier in der Scheune gefunden hatten. Die Katze sah jetzt viel gesünder aus. Mr Stevens kümmerte sich gut um sie. Neugierig sahen Karamell und das Kätzchen bei den Vorbereitungen zu.

„Ich bin nicht sicher, ob es ihr gefällt, dass wir ihr Zuhause auf den Kopf stellen", meinte Amelie.

„Ich denke mal, sie wird sowieso verschwinden, sobald die Hunde kommen", sagte Mr Stevens.

Jonas war ebenfalls mit seinen Eltern da. Dann kamen die Hopes mit den Gewinnerpreisen. Amelies Mutter und ihre Oma stellten sich am Tor auf, um das Eintrittsgeld der Teilnehmer und Zuschauer einzusammeln.

„Hoffentlich kommt überhaupt jemand", dachte Amelie nervös.

Aber zehn vor zehn kamen die ersten Zuschauer. Menschen und Hunde strömten den Weg zur Scheune hoch. Da waren große Hunde und kleine, aufgeweckte und flauschige. Amelie entdeckte sogar Tiffany mit ihrer Hundetrage. Mr Funkels Kopf ragte heraus.

„Da kommen sie!", rief Sam. „Der Wettbewerb geht **los!**"

Amelies Mutter und ihre Oma nahmen das Eintrittsgeld entgegen, da hörte Amelie das Brummen eines Motors. Ein Motorrad kam den Weg hochgefahren. Mr Fred saß darauf. Aber hinter ihm saß noch jemand. Amelie runzelte verwirrt die Stirn. Sie parkten und die unbekannte

Person nahm den Helm ab. Es war Frida Ward, die Filmfrau! Sie lud zwei große Taschen vom Motorrad ab und kam auf sie zu.

„**Hallo**, ihr zwei", sagte sie wie gewohnt.

„Ich dachte, Sie wären abgereist!", rief Amelie.

Miss Ward lächelte. „Mein Team ist gefahren, aber Mr Fred hat mich überredet, noch zu bleiben. Ich habe zugestimmt, für das Lokalfernsehen

eine kleine Reportage über euren Hundewettbewerb zu filmen."

Mr Fred wurde rot. „Ich dachte,
so würden noch mehr Leute von
dem verlorenen Hund erfahren",
erklärte er. „Vielleicht sieht der Besitzer ja den Bericht in den Abendnachrichten."

Amelie sah Sam staunend an. „Das ist **fantastisch**, Mr Fred!", rief sie.

Frida deutete auf ihre Taschen. „Ich habe meine Ausrüstung dabei und werde sie drinnen auf-
bauen."

„Und wer übernimmt eigentlich die Ansagen?",
fragte Mr Fred.

„Darüber haben wir noch gar nicht nachge-
dacht", antwortete Sam.

Mr Fred reckte die Brust vor. „Nun, das müsst

69

ihr auch nicht", sagte er. „In der Firma halte ich oft Reden. Die Leute finden, dass ich das ganz gut kann."

„Also, wenn es Ihnen nichts ausmacht", meinte Amelie.

Mr Fred zog bereits seine Lederjacke aus und marschierte in die Scheune.

„Er kommt also doch noch ins Fernsehen", lachte Amelie. „Wir allerdings auch!"

Fünf Minuten später waren sie startklar. Die Hunde saßen mit ihren Herrchen und Frauchen in der ersten Reihe. Hinter ihnen drängten sich die Zuschauer. Frida hatte ihre Kamera an einer passenden Stelle aufgebaut und Mr Fred stand auf einem Heuballen.

„**Willkommen**, meine Damen und Herren, Hunde und Welpen!", dröhnte er.

Amelie sah sich in der Scheune um. Es mussten sich so um die zweihundert Leute hineingedrängt haben – viel mehr, als sie je erwartet hatte.

„Es wird Zeit für den ersten Wettbewerb – den *Besten Trick*", verkündete Mr Fred. „Teilnehmer, stellt euch bitte auf!"

Die Scheune war mit Bellen und Gemurmel erfüllt, während sich Hunde in allen Größen mit ihren Besitzern in der Mitte aufstellten. Da waren eine riesige Deutsche Dogge und ein winziger Chihuahua. Es gab einen schwarzen Labrador mit freundlichem Gesicht, einen Mops mit zerknautschter Schnauze und einen Border Collie mit heraushängender Zunge. Hinter einem Paar Cocker-

spaniels mit langen Ohren standen ein stolzer Dobermann, ein kleiner Yorkshireterrier, ein Dackel und ein aufgeregter Beagle. Dann gab es noch Mischlingshunde, die Oma immer *Bivas* nannte: *Bisschen von allem.* Amelie fand alle Hunde **einfach nur fabelhaft**.

„Liebe Kandidaten, macht euch bereit, euren besten Trick vorzuführen", sagte Mr Fred. „**Viel Glück** und möge der beste Hund gewinnen!"

Als Erste traten ein Mann und die Deutsche Dogge nach vorn. Der Mann hatte ein Katzen-körbchen dabei. „Jasper kann sich in diesem Körbchen zusammenrollen!", behauptete er.

Die Zuschauer lachten. Jasper war so riesig. Sein Kopf reichte seinem Herrchen bis zur Brust. Der Mann stellte das Körbchen auf dem Boden ab. „Jasper", befahl er seinem Hund. **„Ins Körb-chen!"** Jasper stellte die Vorderpfoten in den

Korb. Dann krümmte er den Rücken und stellte auch die Hinterpfoten hinein. Er klemmte den Schwanz ein und setzte sich. Sehr langsam knickte er dann seine langen Vorderbeine ein und rollte sich auf magische Art und Weise ganz klein zusammen. Der Katzenkorb verschwand unter seinem großen Körper.

„**Wahnsinn!**", hauchte Amelie.

Alle klatschten und jubelten. Der Mann gab Jasper zur Belohnung ein Leckerli.

Als Nächstes waren eine Frau und der Chihuahua an der Reihe. Er machte einen besonderen Hindernislauf, indem er einfach unter den Hinder-

nissen hindurchschlüpfte. Danach kam der Labrador, der von einem kleinen Mädchen geführt wurde, das Amelie aus der Schule kannte. Das Mädchen führte den Hund nach vorn, sie reichten sich Hand und Pfote, schüttelten sie und gingen an ihren Platz zurück. Sowohl der Hund als auch das Mädchen wurden von der Mutter mit einer leckeren Belohnung gefeiert. Dann war der Mops an der Reihe, der sich totstellte. Er lag ganz still auf dem Rücken und streckte die Beine in die Luft. Der Border Collie lief im Rhythmus zur Musik aus dem Handy seines Herrchens.

Danach waren die beiden Cockerspaniels dran. Ihr Herrchen, ein Mann in einem gestreiften Kapuzenpulli, befahl ihnen: „Penzi, Laika, **umarmen**!" Die Hunde sahen sich an und setzten sich auf die Hinterbeine. Dann legten sie ihre Vorder-

beine auf die Schultern des anderen und berühr-
ten sich mit den Nasenspitzen.

Amelie schmolz fast das Herz dahin. **Tosender
Applaus** und entzückte **Ahhh**-Rufe hallten durch
die Scheune.

Noch mehr Tricks folgten. Als Letzter war ein
Dalmatiner an der Reihe. Seine Besitzerin, eine
Frau mit roten Strähnen im Haar, sagte: „Dotti!

Versteck dich!" Dotti bellte und rannte ins Publikum.

Sam kratzte sich am Kopf. „Äh, war das der Trick?"

„**Oh nein!**", jammerte die Frau und rannte Dotti nach. „Sie sollte sich eigentlich die Pfoten über die Augen legen."

Alle lachten. Mr und Mrs Hope sprachen leise mit Mr Fred, während die Zuschauer gespannt warteten. Mr Fred stellte sich wieder auf seinen Heuballen.

„Meine Damen und Herren, Hunde und Welpen", begann er. „**Vielen Dank** für die wunderbaren Tricks. Der Gewinner des ersten Wettbewerbs ist ..."

Stille breitete sich in der Scheune aus.

„... Mr Denny mit Penzi und Laika!"

Amelie und Sam jubelten mit allen anderen zusammen. Mr Denny führte seine Hunde zu den Hopes, die ihm den Preis überreichten — einen quietschenden Gummiknochen für jeden Hund. Frida filmte, wie sich Mr Denny und die Hopes die Hände schüttelten, während Penzi und Laika mit ihren Knochen spielten.

„Das war erst der Anfang des großen Spaßes", verkündete Mr Fred laut. „Jetzt wird der gepflegteste Hund gesucht!"

Wieder stellten sich die Teilnehmer in der Mitte auf. Eine Frau in einem gelben Kleid hatte einen eleganten Afghanischen Windhund

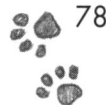

bei sich, mit langem wehendem Fell. Ein rundlicher Mann mit Glatze bürstete noch mal über das braune, schwarze und weiße Fell seines Bernhardiners. Ein Jugendlicher hatte einen Pudel mit kurzen schwarzen Locken dabei. Tiffany stand auch dort und machte ein eingebildetes Gesicht.

„Sie glaubt, sie hätte schon gewonnen", dachte Amelie. Tiffany stellte die Hundetrage auf einem Heuballen ab. Mr Funkels Ohren waren aufgeregt gespitzt.

„Zeit für deinen glanzvollen Auftritt", sagte Tiffany zu ihrem Hund.

Sie öffnete den Reißverschluss der Trage, Mr Funkel kletterte heraus und schüttelte sich. Er sah zum Scheunentor, kläffte begeistert und hüpfte von dem Heuballen.

„**Mr Funkel, nein!**", rief Tiffany.
Aber es war zu spät. Mr Funkel
rannte schon zum Tor. „**Komm
zurück!**", kreischte Tiffany.

„Was Mr Funkel wohl gesehen hat?", murmelte
Amelie.

Sam sah sich um. „**Oh, oh**, wo ist Mac?"

Sie sprinteten beide los, Mr Funkel und Tiffany
hinterher.

Vor der Scheune stand Tiffany mit vor Entsetzen
hochgerissenen Armen und den Tränen nahe. Die
zwei Hunde tobten durch eine große schlammige
Pfütze. Sie waren kaum noch zu unterscheiden,
weil ihnen das Fell am Körper klebte und sie über
und über mit braunem Matsch bedeckt waren. Ab
und zu blitzte aus dem Braun nur ein strahlendes
Auge oder eine rosa Zunge auf. Glücklich rollten

sie sich herum. Mr Funkels blaue Schleife trieb
lose in der Pfütze.

„Mr Funkel", wimmerte Tiffany. „Schau nur, wie
du aussiehst!"

Der kleine Hund trottete aus dem Schlamm und

kam tropfnass zu ihr. Es schien ihm überhaupt nichts auszumachen.

„Vielleicht kannst du ihn ein bisschen sauber machen?", meinte Sam.

Tiffany starrte ihn an und deutete dann auf Mac. **„Dein Hund ist schuld!** Mr Funkel wäre nie auf die Idee gekommen, sich im Schlamm zu wälzen, wenn dein Hund ihn nicht dazu gebracht hätte!"

Sie machte die Leine an Mr Funkels schmutzigem Halsband fest und stolzierte davon. Mr Funkel warf ihnen über die Schulter einen Blick zu und zog an der Leine, weil er zurück zu Mac in die Pfütze wollte.

„Arme Tiffany", kicherte Amelie. „Aber wenigstens hatte Mr Funkel seinen Spaß!"

Ein Sieg für die Tierfreunde

Sie gingen zurück in die Scheune, wo gerade der Afghanische Windhund zum Gewinner in der Kategorie *Gepflegtester Hund* gekürt wurde. Tiffany, die versuchte, Mr Funkel sauber zu wischen, zog eine verärgerte Schnute, als die Frau im gelben Kleid den Preis überreicht bekam — ein hübsches goldenes Halsband.

„**Glückwunsch** an Miss Taylor und

Kira", gratulierte Mr Fred. „Als Nächstes folgt der *Hund-Herrchen-Ähnlichkeitswettbewerb.*"

„Das wird witzig", sagte Sam. „Die Veranstaltung läuft echt gut, oder?"

Amelie nickte. „Ich muss dauernd an die kranke Hündin denken", meinte sie. „Hoffentlich können wir genug Geld sammeln, um sie wieder gesund zu machen."

Viele Leute nahmen mit ihren Hunden am *Ähnlichkeitswettbewerb* teil. Gewinner wurden ein Pudel mit hellem gelocktem Fell und sein Frauchen, das blonde Locken hatte.

Dann war der *Geschicklichkeitsparcours*

an der Reihe. Die Hunde
mussten über eine Brücke
aus Brettern laufen, durch
einen Blumenbogen, um
Verkehrshütchen herum, durch einen

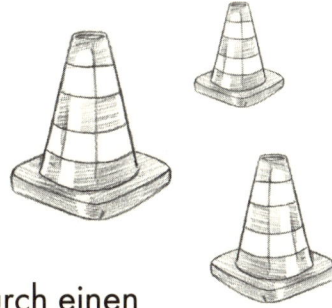

Irrgarten aus Heuballen und ganz zum Schluss
durch einen Reifen springen. Ein gut trainierter
Hütehund von einem Bauern aus der Nähe kam
als Erster ins Ziel.

„Noch viele weitere Wettbewerbe erwarten
euch", kündete Mr Fred an. „*Laufen zur Musik,
Bester Pfötchengeber* und *Bester Schwanzwedler*!
Doch zunächst suchen wir nach dem *Gehorsams-
ten Hund*!"

Sam biss sich nervös auf die Lippe. „Ich habe
Mac für diesen Wettbewerb angemeldet", ge-
stand er.

„Er wird das **ganz toll** machen", beruhigte Amelie ihn. Sie umarmte Mac und wünschte ihm viel Glück. Sein schlammiges Fell stand stachelig von seinem Körper ab. Amelie entdeckte Sams

Eltern unter den Zuschauern. Sie saßen auf einem Heuballen. „Deine Mama und dein Papa sind da, um euch zuzusehen."

„Das ist ja der Grund, warum ich so nervös bin", sagte Sam düster. „Was, wenn Mac es vermasselt? Dann denken sie bestimmt, dass er immer noch zu schlecht erzogen ist, und ich muss ihn hergeben."

„Denk einfach nicht daran", sagte Amelie zu ihm. „**Gib dein Bestes.**"

Mit klopfendem Herzen sah sie Sam und Mac nach, die nach vorn in die Mitte gingen. Mehrere

andere Personen stellten sich mit ihren Hunden neben ihnen auf.

„**Und los** ... möge der beste Hund gewinnen!", rief Mr Fred.

Mr Hope stand neben der Reihe. „Bittet euren Hund, zu diesem Verkehrshütchen zu gehen und dort Sitz zu machen", forderte er die Teilnehmer auf.

Die Hundebesitzer machten sich an die Arbeit.

„**Gassi**, Bella", sagte eine Frau zu ihrem schlanken Windhund.

„**Komm**, Luna", befahl ein Mann seinem kleinen weißen Hund.

„**Bei Fuß**, Mac! Braver Junge!", sagte Sam und ging voraus. Mac lief dicht hinter ihm bis zu dem Verkehrshütchen. „**Sitz!**", befahl Sam und Mac

setzte sich und stellte die Pfoten ordentlich neben-
einander.

„**Gut gemacht**, Mac!", rief Amelie. So weit, so
gut ...

Die anderen Hunde machten auch Sitz.

„Bittet eure Hunde, zu diesem Verkehrshütchen
zu laufen und eine Rolle zu machen", sagte Mr
Hope.

„**Bei Fuß**, Mac", gab Sam das Kommando und
auch die anderen riefen ihre Hunde zu sich. Alle

liefen brav zu dem Kegel, legten
sich hin und drehten sich.

„**Sehr gut**", lobte Mr Hope
die Teilnehmer. „Nun zum letzten
Teil des Wettbewerbs. Die Hunde müssen euch
durch das Labyrinth aus Verkehrshütchen folgen
und dann durch den Reifen springen. Wer als

Erster durch den Reifen springt, ist der Gewinner!"

Amelie hielt die Luft an. Sams Gesicht war vor Konzentration ganz verkrampft, während er Mac

 durch das Labyrinth führte. Amelie warf einen Blick zu seinen Eltern. Mr Baxter sah nervös aus und Mrs Baxter hatte aufgeregt die Hände verschränkt. Mac folgte Sam mit wedelndem Schwanz im Zickzack durch die Verkehrskegel. Sie lagen in Führung, als sie zu dem Reifen kamen, der an einem Seil von der Scheunendecke hing. Amelie konnte kaum hinsehen.

„**Spring**, Mac", rief Sam.

Mac duckte sich und legte die Ohren an ...

Im Publikum wurde es ganz still, alle Blicke ruhten auf Sams Hund.

„**Du schaffst das**", dachte Amelie.

Doch Mac blieb an Ort und Stelle. Nacheinander kamen die anderen Hunde zu ihren Reifen und sprangen hindurch. Sam und Mac blieben auf der anderen Seite zurück.

Sam war den Tränen nah, als er Mac schließlich auf den Arm nahm. Amelie hörte kaum zu, als Mr Fred die Sieger verkündete: Mrs Evans mit ihrem weißhaarigen Terrier Scamp. Amelie eilte zu ihrem Freund. Mac schleckte Sam fröhlich wie immer das Gesicht.

„Ihr wart **wirklich gut**", beteuerte sie.

„Er wusste nicht, was er machen soll", sagte

Sam traurig. „Einen Reifen hat er noch nie zuvor gesehen."

Sams lächelnde Eltern traten zu ihnen. „Das war toll, Sam", lobte Mr Baxter.

„Wir sind **echt beeindruckt** von Mac", sagte seine Mutter. „Seit du mit ihm trainierst, hat er sich total verändert. Er kaut nicht mehr auf Sachen herum, macht sein Geschäft nicht mehr im Haus."

„Und Mr Fred hat sich schon seit Tagen nicht mehr über ihn beschwert", fügte Mr Baxter hinzu.

Langsam breitete sich ein Lächeln auf Sams Gesicht aus. „Heißt das ... wir behalten ihn?", fragte er. Seine großen braunen Augen sahen seine Eltern flehend an.

Amelie hielt die Luft an. „**Bitte** sagt Ja", dachte sie, „**bitte** ..."

„**Natürlich**", meinte Mr Baxter. „Sam, wir könnten Mac niemals hergeben, selbst wenn er der frechste Hund weit und breit wäre. Er gehört doch jetzt zur Familie!"

„**JA!**", schrie Sam. „**Danke, danke, danke!**" Mac bellte und stupste ihn so heftig an, dass Sam stolperte und beide auf dem Scheunenboden

landeten. Strohhalme steckten in Sams Haaren und Macs Fell. Sie lobten und knuddelten Mac und gaben ihm Leckerlis, während der Wettbewerb weiterlief. Ein Labrador wurde der *Beste Schwanzwedler*. Ein Jagdhund gewann den *Musikwettbewerb* und der *Beste Pfötchengeber* wurde ein Husky. Amelie genoss jede Sekunde zwischen all den unterschiedlichen Hunden.

Nach dem letzten Wettbewerb bat Mr Fred um Ruhe. „Meine Damen und Herren, Hunde und Welpen. Danke, dass ihr so zahlreich erschienen seid. Wie ihr alle wisst, dient diese Veranstaltung einem guten Zweck. Sämtliche Eintrittsgelder werden für die Behandlung eines kranken Hunds verwendet, der sich momentan in der Obhut der Tierärzte in der *Tierklinik Pfötchen* befindet."

Amelies Mutter und ihre Oma traten neben ihn.

Amelies Mutter trug eine kleine Kiste mit dem gesammelten Geld und winkte Sam und ihre Tochter zu sich. Sie umarmte beide. „Ihr dürft die Summe verkünden", flüsterte sie ihnen zu. „Schließlich habt ihr das alles hier auf die Beine gestellt."

Oma zwinkerte ihnen zu und reichte Amelie ein

Stück Papier, auf dem die Summe stand. Amelie und Sam keuchten auf.

„Amelie und Sam, wie viel Geld haben wir gesammelt?", fragte Mr Fred.

Gemeinsam lasen sie: „1816 Euro!"

Jubel brach in der Scheune aus. Doch als es wieder ruhig wurde, begriff Amelie die ernüchternde Wahrheit.

„Es reicht immer noch nicht", murmelte sie.

Mrs Hope erhob ihre Stimme, damit alle sie hören konnten. „Wir sollten uns alle ein Beispiel an Amelie und Sam nehmen", sagte sie. „Sie haben uns gezeigt, dass alles möglich ist, wenn das Dorf zusammenhält. Die *Tierklinik Pfötchen* wird den Rest der Summe spenden, damit unsere Patientin die bestmögliche Behandlung bekommt. Vielen Dank euch allen — und ein ganz beson-

ders **großes Dankeschön** an unsere wunderbaren Tierfreunde, die das alles organisiert
haben: Amelie und Sam!"

Lauter Applaus brach aus und Bellen ertönte.
Amelie und Sam grinsten sich an. Amelie spürte,
wie sie vor Freude rot wurde, und das war das
schönste Gefühl auf der Welt.

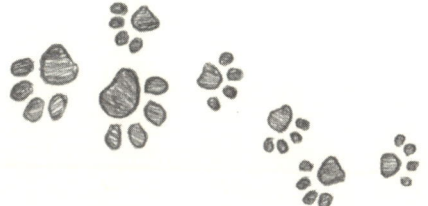

Eine schöne Überraschung

„Ich gratuliere", sagte Miss Ward. „Was für eine **tolle Show**. Ich habe eine Menge gutes Material für die Lokalsendung gefilmt, aber mit euch beiden würde ich wirklich gerne noch ein Interview machen. Was meint ihr?"

Amelie und Sam grinsten sich an. „**Klar** machen wir das", sagte Amelie.

Ein paar Minuten später saßen sie auf einem Heuballen und Frida stellte ihre Kamera ein.

Amelie hatte das Gefühl, dass in ihrem Bauch Schmetterlinge tanzten, so aufgeregt war sie. Sam rutschte kichernd neben ihr hin und her. Sie wusste, dass er auch aufgeregt war. Der Einzige, der entspannt war, war Mac. Geduldig saß er neben Sams Füßen.

„Also dann", begann Frida. Sie setzte sich mit einem Mikrofon neben sie vor die Kamera. „Seid ihr bereit?"

Sie nickten beide. Frida sprach zuerst ein paar Worte und erzählte vom Hundewettbewerb, dann wandte sie sich an die Freunde.

„Ich sitze hier mit Amelie Hayland und Sam Baxter, den Organisatoren der Veranstaltung", stellte Frida sie vor.

„Und Mac", fügte Sam hinzu. Mac bellte und wedelte mit dem Schwanz.

„Und Mac", wiederholte Frida lachend. „Erzählt mal, was hat euch auf die Idee gebracht, so einen wunderbaren Hundewettbewerb zu veranstalten?"

„Alles begann mit einer Frau, die einen kleinen

Hund in die *Tierklinik Pfötchen* gebracht hat",
sagte Amelie. „Das ist die Tierarztpraxis hier in
Welford."

Sie erzählte von der notwendigen
Operation, Sam ergänzte hier und da
etwas. Während sie sprach, verschwand
Amelies Aufregung. Dies war eine weitere
Gelegenheit, der kleinen Hündin zu helfen.

„Wir haben genug Geld gesammelt, damit
die Kleine operiert werden kann", sagte Amelie.
„Aber wir suchen immer noch ihren Besitzer.
Dürfen wir den Zuschauern ein Bild von ihr zeigen? Wenn sie jemand erkennt, kann derjenige
sich in der *Tierklinik Pfötchen* melden."

„Das ist eine **gute Idee**", sagte Miss Ward.
„Wir werden alle wichtigen Informationen am
Schluss der Sendung einblenden. Amelie, Sam —

ich gratuliere euch zum wundervollen Gelingen eurer Hundeschau!"

Das Interview war vorbei.

„Hoffentlich hilft es", sagte Amelie zu Sam.

Zwei Tage später wurde die kleine Hündin operiert. Es dauerte mehrere Stunden. Amelie konnte die ganze Zeit an fast nichts anderes denken. Mr Hope hatte ihnen erklärt, dass der Eingriff nicht ungefährlich war, und da die Hündin noch so jung war, war es noch etwas schwieriger.

In der Schule starrte Amelie aus dem Fenster und fragte sich, wie es der Patientin wohl ging. Sam kaute auf seinen Nägeln. Das verriet ihr, dass er ebenfalls an die Operation dachte.

Nach der Schule wartete Sams Mutter am Tor auf sie, um sie direkt zur *Tierklinik Pfötchen* zu bringen.

„Wie geht es der Kleinen?", fragte Amelie.

„Ich weiß es nicht", antwortete Mrs Baxter.

In der Tierklinik wies Julia sie an, in das Krankenzimmer zu gehen. Auf einer Decke in einem Laufstall lag die Hündin. Das Fell an ihrem Bauch war abrasiert, dort verlief eine rote Naht. Sie trug einen Plastikkragen um den Hals, damit sie nicht an der frischen Wunde lecken konnte. Doch ihre Augen glänzten und sie wedelte sogar mit dem Schwanz, als Amelie sich zu ihr hinabbeugte und ihr über den Kopf streichelte.

„Sie ist ganz verändert", sagte Mr Hope, der

mit seiner Frau hereingekommen war. „Sie erholt sich besser, als wir erwartet haben."

Mrs Hope nickte. „Die Kleine ist zäh. Sie braucht noch viel Pflege und Fürsorge, aber bald läuft sie wieder fröhlich herum."

Amelie und Sam strahlten.

„Das ist **fantastisch**!", freute Amelie sich.

„**Echt cool!**", sagte Sam.

Mr und Mrs Hope sahen sich an. „Ihr habt euch vielleicht gefragt, warum Sams Mutter euch direkt herbringen sollte", sagte Mrs Hope. Ihre Augen funkelten. Sie öffnete die Tür zum Warte-zimmer. „Miss Cook?", rief sie. „Möchten Sie Sam und Amelie kennenlernen?"

Eine junge Frau kam herein, sie benutzte Krücken zum Laufen. Ihr Fuß steckte in einer breiten, festen Stützschiene.

„Miss Cook ist die Hundebesitzerin", erklärte Mr Hope lächelnd.

Amelie starrte Miss Cook ungläu-big an.

„**Oh, Wahnsinn!**", staunte Sam.

„Es ist so schön, euch kennenzulernen", sagte die junge Frau. „Ich habe im Fernsehen gesehen, wie ihr über Ninja gesprochen habt. Aber ich konnte sie wegen meines gebrochenen Beins nicht früher abholen. Während ich im Krankenhaus war, habe ich sie in der Obhut eines Hundesitters gelassen, aber von dort ist sie ausgerissen. Sie muss versucht haben, nach Hause zu finden." In ihren Augen schimmerten Tränen. „**Vielen Dank**, dass ihr sie gerettet habt. Ich weiß gar nicht, wie ich euch genug danken soll."

Amelie fühlte sich leicht wie ein Vogel,
so glücklich war sie. „Wir haben ihr gerne
geholfen", sagte sie.

Mr und Mrs Hope halfen Miss Cook, Ninja in
eine Tragekiste zu setzen, und brachten sie nach
draußen, wo ein Freund von Miss Cook mit dem
Auto wartete.

Amelie und Sam standen in der Tür der Tierklinik und winkten zum Abschied. **„Tschüss!"**,
rief Sam.

„Tschüss, Ninja!", rief Amelie. **„Und gute
Besserung!"**

Als das Auto weggefahren war, wandte sich
Julia an Sam und Amelie. „Das Beste wisst ihr
noch gar nicht. Miss Cook ist versichert, die
Tierversicherung übernimmt die Operations-
kosten."

Diese Neuigkeit überraschte Amelie. „Haben wir dann das ganze Geld umsonst gesammelt?"

„**Ganz und gar nicht**", sagte Julia. „Es gibt so viele Wohltätigkeitseinrichtungen für Hunde, die sich über eine Spende riesig freuen würden. Ihr könnt mit dem Geld ganz vielen Hunden helfen und nicht nur einem."

Sam grinste Amelie an. „Und ich wette, dass wir so einen Wettbewerb jedes Jahr veranstalten könnten, wenn wir wollten."

„Das würde ich **total gerne** machen", erwiderte sie.

Mrs Hope rief sie über den Empfangstresen zu sich. „Könnt ihr beide mal kurz herkommen?", fragte sie. „Wir würden gerne etwas mit euch besprechen." Sie machte ein ernstes Gesicht.

„Was kann das sein?", überlegte Amelie.

Einfach wunderbar!

Die Hopes führten sie ins Beratungszimmer.

„Wir sind **wirklich beeindruckt** von euch beiden", fing Mrs Hope an. „In den letzten Wochen habt ihr Kätzchen gerettet, einem Kaninchen geholfen und einen Fuchs in Sicherheit gebracht. Und jetzt habt ihr noch dafür gesorgt, dass Ninja operiert werden konnte."

„Amelie", fuhr Mr Hope fort. „Als du gerade erst nach Welford gezogen bist und zu uns kamst,

sagtest du, dass du uns in der Tierklinik helfen möchtest. Damals waren wir nicht sicher, ob du mit der manchmal harten Arbeit und der Verantwortung zurechtkommen würdest. Nun, wir haben uns darüber unterhalten – und haben entschieden, dass wir falschlagen."

Amelie schluckte. Sie spürte, wie Sam neben ihr seinen Körper anspannte.

„Ihr beide habt euch mehr als bewiesen", sagte Mrs Hope. „Also, wie würde es euch gefallen, ganz offiziell Helfer in der *Tierklinik Pfötchen* zu sein?"

Amelie und Sam griffen sich an den Händen, sprangen begeistert auf und ab und drehten sich grinsend im Kreis. Mr und Mrs Hope lachten.

„Heißt das ja?", fragte Mr Hope.

„**Ja, ja, ja!**", rief Amelie, als sie wieder zu
Atem kam. „**Vielen Dank!**"

„Das ist das Beste, was uns passieren konnte!",
sagte Sam glücklich.

„Dann ist es abgemacht", meinte Mrs Hope.

„Ihr seid ehrenamtliche Helfer der *Tierklinik Pfötchen*! Wir werden mit euren Eltern und der Schule sprechen und einen richtigen Dienstplan erstellen, damit wir immer wissen, wann ihr kommt."

Die beiden Tierärzte gingen zu ihren nächsten Patienten, Amelie und Sam blieben am Empfang. Amelie strahlte so sehr, dass ihre Wangen vom Grinsen schon schmerzten. „Ich gehe jetzt besser heim und drehe eine Runde mit Mac", sagte Sam. „Wir sehen uns dann morgen wieder hier!"

Er verabschiedete sich von Julia und lief los. Amelie wollte auch gerade gehen, als sie sich an Sternchen erinnerte. Hinten im *Hotel* machte Simon, der Arzthelfer, einen Stall sauber. Amelie sagte Hallo und trat dann zu Sternchens Gehege.

Es war leer.

„Sie ist weg", sagte Simon.

„Ist sie im Tierheim?", fragte Amelie.

Simon schüttelte den Kopf. „Ich glaube, sie haben jemanden gefunden, der sie aufgenommen hat. Aber ich weiß nicht wer."

Amelie wollte nachfragen, aber Mr und Mrs Hope waren beide in Behandlungszimmern und Julia hatte am Empfang zu tun. Eigentlich war es auch egal, Hauptsache, Sternchen hatte ein schönes Zuhause gefunden.

Amelie wusste, dass sie nicht traurig zu sein brauchte, aber sie konnte es nicht ändern. „Ich konnte mich nicht mal verabschieden", dachte sie.

Sie verließ die Tierklinik und ging nach Hause. Es hatte endlich aufgehört zu regnen und Sonnenstrahlen blitzten durch die Wolken. Sie schloss die Haustür auf und betrat den Flur. Ihre Mutter rief aus der Küche.

„**Hallo, Schatz?** Wie war es in der Schule und in der Tierklinik?"

„Ganz okay", antwortete sie.

Sie ging in ihr Zimmer. Durch das Fenster sah sie einen Regenbogen, der über dem Dorf erstrahlte.

Ihr kam es so vor, als lebte sie schon ewig in Welford, dabei waren es erst wenige Wochen. Sie hatte sich solche Sorgen gemacht, dass sie

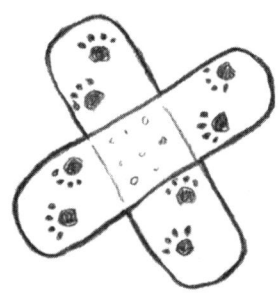

keine Freunde finden würde. Aber jetzt hatte sie Sam und Mac und Jonas und Isa. Und sie hatte den Hopes gezeigt, was in ihr steckte. Viele tolle Tage in der *Tierklinik Pfötchen*

lagen vor ihr, sie würde helfen und sich um die kranken Tiere kümmern.

Ihre Gedanken kehrten zu Sternchen zurück.

Sie hoffte so sehr, dass das Kätzchen ein schönes Zuhause gefunden hatte.

„Amelie?" Ihre Mutter linste durch den Spalt in der Türöffnung. „Da ist jemand, der dich sehen möchte."

Verwundert, wer das sein könnte, folgte sie ihrer Mutter zur Treppe, wo diese auf sie wartete.

„Ist es Sam?", fragte Amelie.

„Unten im Wohnzimmer", sagte ihre Mutter. Noch verwirrter als zuvor ging Amelie nach unten. Durch die Tür sah sie ihre Oma, die im Wohnzimmer auf dem Sofa saß. Sonst war niemand da.

„Was ist denn los?", fragte sie.

Dann sah sie es.

Das kleine gefleckte Kätzchen in einem Korb auf dem Teppich.

„**Sternchen!**", rief Amelie.

„Sternchen?", fragte ihre Mutter.

„So habe ich sie genannt", sagte Amelie schüchtern. „Was macht sie denn hier?" Das Lächeln auf den Gesichtern ihrer Mutter und Großmutter verriet es ihr. Ihr Herz klopfte. „Wir nehmen sie zu uns? **Wirklich?**"

„Ja, wirklich", sagte ihre Mutter mit glänzenden Augen.

Amelie hockte sich hin, nahm Sternchen behutsam auf den Arm und drückte ihre Wange sanft an sie. Sternchen schnurrte.

„Aber was, wenn ich bei Papa bin?", fragte Amelie. Jedes zweite Wochenende war sie bei ihrem Vater in York.

„Oma und ich passen auf sie auf", versprach ihre Mutter. „Das ist **kein Problem**."

„Du hast so viel Zeit damit ver- bracht, den Haus- tieren von anderen Leuten zu helfen, da dachten wir, du solltest ein eigenes

haben", meinte Oma. „Und alle haben gesehen, dass ihr beide eine ganz besondere Verbindung habt."

Amelie konnte es kaum glauben. Sie umarmte Mama und Oma und Sternchen, alle gleichzeitig. **„Vielen Dank!"**, sagte sie.

Amelie trug Sternchen zum Sofa und setzte sich mit dem Kätzchen auf dem Schoß hin. Was für ein Tag! Ninja hatte ihr Frauchen gefunden, Mr und Mrs Hope hatten Amelie zur offiziellen Helfe-

rin gemacht und jetzt das. Sie konnte kaum erwarten, es Sam zu erzählen.

Sternchen kletterte an ihr hoch, schnupperte an Amelies Kinn und rollte sich dann auf den Kissen zusammen. Amelie kitzelte sie am Bauch und das Kätzchen strampelte mit den Pfoten in der Luft.

„Sie mag das", sagte ihre Mutter.

Sternchen gehörte wirklich ihr, Amelie konnte es nicht glauben. Alles war einfach nur **wunderbar**!

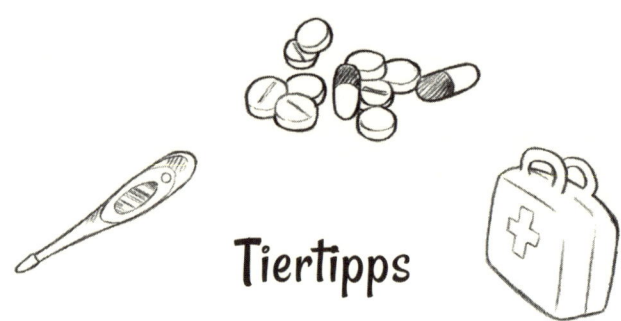

Tiertipps

Liebst du Tiere so sehr wie Amelie und Sam? Hier sind ein paar Tipps, wie du dich am besten um Tiere kümmerst.

Tierpflege

 1. Tiere brauchen immer **frisches Wasser**.

 120

2. Sie brauchen auch **Futter** – frage deinen Tierarzt, welches Futter das richtige ist und wie viel das Tier benötigt.

3. Manche Tiere, so wie Hunde, brauchen jeden Tag genug **Bewegung**.

4. Tiere brauchen auch viel **Liebe**. Du solltest immer sehr lieb zu deinem Haustier sein und darauf achten, dass du nichts tust, was es verletzen könnte.

Wann zum Tierarzt?

Manchmal werden Tiere krank. So wie du werden sie meistens von allein wieder gesund. Aber wenn sich dein

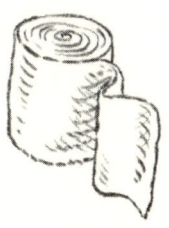

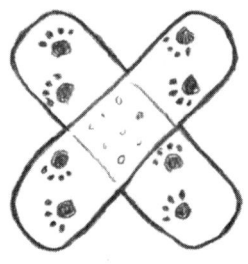

Haustier **verletzt** hat oder es ihm schlecht geht, musst du mit ihm zum **Tierarzt** gehen. Manche Tiere müssen auch **geimpft** werden, damit sie keine schlimmen Krankheiten bekommen. Dein Tierarzt kann dir erklären, was dein Haustier braucht.

Wildtieren helfen

1. Frage immer zuerst einen Erwachsenen um Erlaubnis, bevor du dich einem fremden Tier näherst.
2. Wenn du einen verletzten Vogel oder ein anderes Tier findest, das sich nicht bewegen kann, fasse es nicht an.

3. Wenn du dir Sorgen um das Tier machst, kannst du dich an den **Naturschutzbund** (NABU) wenden.

Tierklinik Pfötchen

Band 1
978-3-7432-0543-7

Band 2
978-3-7432-0544-4

Das will ich lesen!

Band 3
978-3-7432-0545-1

Band 5
978-3-7432-0942-8

Band 6
978-3-7432-1022-6